LAURA GARMO

Mi madre no existe

VI Premio SGAE de Teatro Ana Diosdado

LAURA GARMO
Mi madre no existe

Primera edición, 2025

© De *Mi madre no existe*: Laura García Moreno
© Del prólogo: Nacho León

© Para esta edición: Fundación SGAE, 2025

Coordinación editorial: Pilar López
Diseño gráfico y de cubierta: José Luis de Hijes
Maquetación y procesos digitales de edición: spandaeditorial.com
Corrección: Susana Pulido
Logotipo de la colección: Francisco Nieva
Imprime: Estugraf Impresores, SL

Edita: Fundación SGAE
Bárbara de Braganza, 7, 28004 Madrid
www.fundacionsgae.org publicaciones@fundacionsgae.org

ISBN: 978-84-8048-963-8
ISBN electrónico: 978-84-8048-964-5
DL: M-19508-2025

Índice

Tan cerca, tan lejos

Pocas veces la lectura de un texto dramático me ha generado un cúmulo de sensaciones comparable a la de *Mi madre no existe*. Desazón, inquietud, intriga, risa culpable, ternura, compasión, repulsa, hilaridad... me acompañaron durante todo el proceso. Y no solo la primera vez. Las sensaciones se repiten. Ya el propio título de la obra es una declaración de intenciones. Partir de este oxímoron, en una pieza en la que los dos únicos personajes presentes son la madre y la hija, nos introduce en el juego irónico y la reflexión cruda que se avecinan. Porque si hay algo que caracteriza esta obra es el juego de contrastes, el caminar por el alambre, al filo de la navaja, para desembocar en esta impagable comedia descarnada. Porque, al final, los extremos siempre se tocan. Y si la hija teme "caer en el abismo", la madre está "cargando con este vacío". Siempre el vacío.

Laura Garmo, con esa escritura ágil, fluida, mordaz y esos toques poéticos que la caracterizan, pone en el centro, en *Mi madre no existe*, el debate sobre los cuidados, las enfermedades mentales y la maternidad no deseada. Sin voluntad panfletaria ni aleccionadora, el texto es una reflexión en voz alta que hace partícipe al lector/espectador, arroja preguntas que las protagonistas se lanzan a sí mismas, preguntas que es inevitable asumir como propias, y que laten cada día en nuestras carnes o en nuestro entorno. "¿Qué habría sido de tu vida si yo no hubiese existido?", se pregunta la hija en un monólogo conmovedor. Como esta, hay frases que caen como una bomba en la mente del lector a lo largo de toda la obra. Porque, afortunadamente, el instinto maternal ya no es algo que se da por hecho, no se presupone. Al contrario, en estos tiempos se cuestiona cada aspecto tradicionalmente asociado a las mujeres, como los cuidados, la maternidad, etc. Y en *Mi madre no existe* estas contradicciones impregnan toda la obra, en un cuestionamiento sin complejos, desenfadado, por momentos lúdico, pero directo, claro, certero. Y esto se produce a través de dos maravillosos personajes, dos regalos para cualquier intérprete, como son la madre y la hija. Cada una en su mundo, compartiendo techo, tan cerca y a la vez tan lejos; una desde su esquizofrenia, otra desde la conspiranoia, nos dejan escenas memorables, en una relación única, llena de matices, cargada de incomprensión, rabia, compasión y expectativas frustradas.

Pero *Mi madre no existe* va mucho más allá. Es poliédrica y polisémica. Es inquietante y adictiva. Cruda y, a ratos, ligera. Divertida y descorazonadora. Esperanzadora y desesperanzadora a la vez. Excesiva y sutil. Hay miedo, dolor, angustia, estupor y muchísimo sentido del humor. Humor ácido, absurdo, inteligente y corrosivo. Y silencio. Mucho silencio. Un silencio, una vez más, cargado de palabras. Porque es este uno de los grandes temas de la obra: ¿es posible la comunicación? "Yo digo, el otro imagina y lo que el otro imagina no es lo que yo quiero decir, ni siquiera lo que digo es lo que quiero decir, pero ¿cómo decirlo?". Esta es una de las grandes reflexiones que nos deja la pieza. Porque los personajes hablan. No paran de hablar. Con una verborrea desquiciante y, por momentos, compulsiva. Ponen en palabra viva sus pensamientos más profundos, sus inquietudes, su odio, su rabia, su frustración. Y, sin embargo, no se comunican. Viven en un continuo doble frontón, en el que la pelota nunca traspasa la pared. Se construyen puentes que nunca encuentran la otra orilla, incluso cuando, desde la otra orilla, se intenta tender otro puente. Pero nunca coinciden. Cuelgan hacia la nada. Y cuando parece que se pueden encontrar... se dinamitan.

Si todos los puentes están destruidos, surgen inevitablemente otras formas de comunicación. En este caso, la brutalidad. Porque *Mi madre no existe* es brutal. Probablemente la más brutal de las piezas de Laura Garmo. La violencia es un tema presente en toda su dramaturgia, pero es en este texto donde la naturalización de la violencia se hace más patente. Y es su cotidianidad lo que hace, precisamente, que nos resulte tan atroz. La violencia que ejerce la madre contra la hija, tanto física como verbal, se constituye en el único modo de diálogo posible entre ambas. Es su lenguaje diario, su vía de conexión, su punto de partida y de llegada. Por supuesto, el texto no justifica esta crueldad; al contrario, la pone encima de la mesa, la muestra ante los ojos del lector/espectador y le hace comprender que, como sociedad, no estamos nada lejos de esta naturalización, de esta banalización y de este uso salvaje del ensañamiento como medio de expresión.

Y así, *Mi madre no existe* es un delicioso *casi* soliloquio dialogado. Madre e hija, desde su aislamiento, monologan, y contemplan el paisaje como si fuera el fin del mundo, desde una atalaya atemporal en la que esperan, cual Vladimir y Estragón, a que llegue su particular Godot. Pero mientras llega... "Yo, por si acaso, he comprado bitcoins, por lo que pueda pasar".

Nacho LEÓN
Dramaturgo, director y actor

Mi madre no existe

Personajes

HIJA: *De unos 35-40 años. Tras sufrir el primer brote de esquizo-frenia paranoide, nada volverá a ser igual en su vida. Las aluci-naciones y las paranoias hacen que decida no salir de casa por un miedo incontrolable a que alguien pueda morir por su culpa. Encuentra refugio en la ficción y vive a través de ella.*

MADRE: *De unos 60-65 años. Tras abandonar su vida laboral y ver-se recluida en casa para cuidar de su hija, comienza a consumir información obsesivamente. Todas las ideas conspiranoicas que pasan por la pantalla de su tablet empiezan a calar en ella hasta cambiar su vida por completo.*

Nota previa a la lectura

En el texto, la barra (/) indica interrupción.

La acción se desarrolla en el interior de una casa. La Madre está sentada en un sillón con una tablet, que es prácticamente una prolongación de su cuerpo, y unos cascos último modelo. La Hija, de pie en medio del escenario. Por lo general, la Hija se dirigirá al público o a la Madre sin solución de continuidad.

HIJA.— Un rayo, dos rayos, rayos, rayos azotan mi mente y amenazan mi cuerpo. ¿Dónde está Dios en todo esto?

Se ve un relámpago y unos segundos después se escucha un gran trueno.

(Al técnico de sala) No, no, no se trata de esa clase de rayos. Son como rayos láser, tipo los de *Misión imposible*.

Recuerdo exactamente cuándo empezó, fue tan claro como oír su voz.

MADRE.— *(Dramática)* Y yo cargando con este vacío...

HIJA.— Tan real como que esto es una silla y ahí hay una ventana, pero no dije nada. Me callé, me callé, me callé. El silencio exterior se hacía más grande a medida que el ruido interior se hacía más intenso. Tenía miedo, miedo, miedo, de lo que pudiera pasarme a mí, pero sobre todo tenía miedo de lo que pudiera pasarte a ti.

Un día, el 4 de septiembre de 2001, tratando de llegar al váter desde mi habitación, sin que ninguno de esos rayos me tocara.

La Hija empieza a reptar.

MADRE.— ¿Qué haces ahí tirada? ¿Te parece normal ir arrastrándote por el suelo? Levántate ahora mismo.

HIJA.— No puedo, no puedo, no puedoooooooooooo...

MADRE.— Pero ¿qué te pasa?

HIJA.— No puedo, no puedo, están ahí.

MADRE.— ¿Quiénes? ¿Qué dices? ¡Levántate ahora mismo!

La Madre intenta ponerla de pie.

HIJA.— ¡Noooooo! Suéltame, déjame, queman, me quemoooooo...

La Madre la incorpora. La Hija se desmadeja y vuelve a caer.

Cuando estoy tumbada en la cama oigo todos los sonidos: el agua que cae por las tuberías, sus ronquidos, el siseo de sus sábanas con cada movimiento, el chasquido de un mueble, el viento golpeando las ventanas, oigo los gritos lejanos, una puerta que se cierra, pero lo que oigo con más intensidad es la radial que corta el techo de mi habitación.

MADRE.— ¿Cómo estás hoy?

Silencio.

¿Has dormido bien?

Silencio.

¿Quieres algo de desayunar?

Silencio.

Bueno..., te prepararé algo.

Silencio.

¿Me escuchas?

Silencio.

Si necesitas algo me dices.

Silencio.

HIJA.— Silencio. Solo silencio. ¿Qué decir? ¿Qué decirte? Yo antes hablaba y tú no me escuchabas, o me pegabas por hablar, "come y calla" y un capón, por ejemplo. Así uno aprende rápido a no hablar, a no hablar para afuera, a callar. Para adentro hablo mucho, sin parar, unas voces contra otras... Ahora ya no tengo nada que decirte. Un día estaremos sentadas las dos aquí, en silencio, vengándonos la una de la otra sin decir ni una palabra. Agonizaremos en silencio.

MADRE.— *(Dramática)* Y yo cargando con este vacío.

HIJA.— En silencio.

La Madre repite "y yo cargando con este vacío" solo moviendo la boca.

Ese será el final de nuestros días o tal vez seamos capaces de acabar antes con esto, no lo sé. Sin embargo, eso del silencio todavía no ha ocurrido, sigues hablando por los codos.

MADRE.— ¿Tú sabes que ahora mismo se están destinando grandes cantidades de dinero a la investigación extraterrestre? De forma encubierta, claro. La economía sumergida mueve la misma cantidad de dinero, o más, que la no sumergida. La prostitución, las drogas. Los estados están al tanto, forma parte del sistema, para que el sistema se mantenga y se pueda desviar dinero sin declarar a estas cosas... Pero, claro, cómo van a decir que los extraterrestres existen, la gente entraría en pánico. Por eso lo ocultan, pero existir, existen, han venido varias veces, están creando lazos...

HIJA.— Esta es mi madre, esta es mi madre en la época actual. En mi madre hay cuatro etapas:

> *La Madre realiza pequeños cambios en su look y su postura para mostrar su transición y el deterioro de su cuerpo.*
> *De fondo podría sonar "Baby did a bad bad thing" de Chris Isaak. O no.*

Primera etapa. Duración: trece años, mis trece primeros años. Es la época en la que vivía mi padre.

MADRE.— "En mi situación me interesa más trabajar que ser moderna".

HIJA.— Siempre me hizo gracia imaginarme a mi madre diciendo frases de pelis de Almodóvar, esa era de *Tacones lejanos*.

Segunda etapa. Duración: un año. Mi madre haciendo que sufría el luto de puertas afuera. Dentro, no sé, normal, como siempre, no cambió nada, mi padre nunca estaba.

MADRE.— "Lo peor no es que te violen, es que se lo tienes que contar de pe a pa a todo el mundo".

HIJA.— Tercera etapa. Duración: catorce años, hasta mis veintiocho. La época en la que estaba Pedro. *(Imitando a Penélope Cruz en los Óscar)* ¡Pedrooooooooo!

MADRE.— "Hagas lo que hagas, ponte bragas".

HIJA.— Cuarta etapa. Duración: desde entonces hasta ahora, han pasado nueve años.

MADRE.— "Que estáis locas, como no pisáis la calle os pensáis que en la calle pasan cosas".

HIJA.— A esto le llamo época actual.

Deja de sonar la canción, si es que estaba sonando.

Como habréis podido comprobar, cada pérdida era una losa más sobre el cuerpo de mi madre. La tristeza es así, como losas que caen sobre el cuerpo. A mi madre le cayeron tres grandes losas en la vida: la muerte de mi padre, la muerte de Pedro y yo, con todo lo que yo suponía.

MADRE.— ¿Sabes que tienen congelado a uno de los bichos que llegaron en 1947 a Roswell?

HIJA.— Mi mayor losa ha sido el miedo, miedo a la constante sensación de que alguien puede morir por lo que yo haga.

MADRE.— Digo "bichos" porque son raros, pequeños pero con los ojos grandes, una mezcla de humanos y moscas. *(Señala el insectario)*

HIJA.— El insectario, una de las pocas cosas que tengo de mi padre. El insectario y /

MADRE.— Pues uno de ellos está congelado en Ohio, el que llegó vivo. Mira, esto fue en julio del 47; pues en septiembre se creó la CIA, ¿para qué?, para defender a la humanidad de los extraterrestres.

HIJA.— En mi casa siempre se rezó, antes de comer y antes de acostarse.
Mi madre siempre decía:

MADRE.— A mí Dios me ayudó mucho cuando murió tu padre.

HIJA.— Y también decía:

MADRE.— A mí Dios me ayudó mucho cuando murió tu padre y cuando murió Pedro.
Hay que rezar hija, hay que rezar. Dios siempre nos acompañará.

Se colocan las dos en posición de rezar, mueven los labios, se oye un siseo.

En el nombre del Padre, del Hijo y del Espíritu Santo. Amén.

HIJA.— ¿Y nosotras?

MADRE.— ¿Qué?

HIJA.— ¿Dónde estamos nosotras?
Está el Padre, el Hijo, pero ¿y nosotras?

MADRE.— Bueno, se dice así.

HIJA.— ¿Quién es el Espíritu Santo?
¿Dónde está la madre?

La Madre le da una bofetada.

Fue su manera de contestarme a la pregunta. Desde ese día ella empezó a rezar por su cuenta. Mejor, siempre he pensado que rezar es muy aburrido.

14 de marzo de 2020. Nuestra vida no iba a cambiar mucho, pero sí que estaban cambiando las circunstancias en el exterior. La gente debía permanecer en sus casas por un virus o no sé qué. La gente en sus casas, como yo. ¿Será que empezaba a ser normal? Nadie, al igual que yo, salía a la calle, solo los que tenían perros y eso, y bueno, a comprar, pero eso lo hace mi madre. Yo disfrutaba pensando en toda esa gente que no podía salir de sus casas. Yo llevaba muchos años metida aquí por voluntad propia, bueno más bien por miedo, me pasaba el día en casa por miedo, porque fuera me habían pasado cosas.

Un día, yendo por la calle, la gente me miraba y me sonreía, me tiraban besos, pasaban a mi lado únicamente para rozarme con una manga del abrigo, con una mochila, noté que algunas personas me guiñaban un ojo o se mordían los labios mientras me miraban, incluso hacían cosas raras con la lengua. Me sentí amenazada, ¿cómo sería capaz de satisfacer todo el deseo que la gente sentía hacia mí? Me despedazarían si mostraba un mínimo de vulnerabilidad, no podía sucumbir.

Mi padre, antes de morir, me regaló una pistola y me dijo: "Llegado el momento, sabrás qué hacer con ella". Yo creo que mi padre se murió porque no aguantaba a mi madre y esa pistola me la dio para que, llegado el momento, yo pudiera acabar con esto; sin embargo, nunca tuve balas, ¿de qué sirve una pistola sin balas?

Yo tenía trece años y una pistola sin balas en el cajón.

Pedro llegó un año más tarde y de repente todo cambió. Los oía por las noches. Ahí me di cuenta de que nunca había oído follar a mis padres, pero sin duda mi existencia, aunque confusa, demostraba que lo habían hecho en algún momento.

En esta época fue cuando yo empecé a salir con chicos.

Mamá, hoy he follado.

MADRE.— Pero ¿qué estás diciendo? Eres todavía una cría, no digas tonterías.

HIJA.— Digo la verdad.

MADRE.— Eso es de guarras.

HIJA.— ¿El qué, decir la verdad o follar?

MADRE.— En este caso, las dos cosas.

HIJA.— Entonces, ¿tú eres una guarra? Porque por las noches os oigo follar a Pedro y a ti.

La Madre abofetea a la Hija.

Sí, esta es una respuesta habitual a mis preguntas.

A partir de aquella conversación, seguí oyéndoles mientras decían: "No hagas ruido", "Más bajito", "No me des tan fuerte", "No gimas", "Así no", "No me tapes la boca que me asfixio", y cosas así. Oía eso sin dejar de oír la radial que atravesaba el techo de mi habitación, claro.

Mi madre empezó a controlar mis salidas, mi ropa, y yo empecé a llegar cada vez más tarde y a hacer todo de forma compulsiva.

Mi madre me decía:

MADRE.— Eres una puta.

HIJA.— Soy una puta. Me daba de hostias cuando llegaba a casa, pero al día siguiente volvía a saltarme el instituto para follar o beber o meterme todo lo que me regalaban. Nunca me gasté un duro en drogas, nunca lo tuve. Mi madre dejó de darme dinero, pensaba que así dejaría de beber; lo que ella no sabía era que a veces follaba para poder beber. Un día llegué a casa y estaba Pedro, me hizo sentar a su lado y me dijo: "Ven, cuéntame, ¿qué has hecho hoy?".

Le dije que había ido al instituto y que Rober, el chico con el que estaba, me pilló en la puerta del insti y me pidió que nos fuéramos a su casa, que no había nadie, y me fui con él. Subimos a su casa y nos tomamos unas pastillas que tenía su madre con un vaso de leche. Me dijo: "La leche es buena para que no caigan mal". Nos tumbamos en la alfombra mirando la lámpara de cristal de strass que colgaba justo encima, entraba el sol y los cristalitos hacían muchos colores, nos fuimos relajando, después nos empezamos a tocar el uno al otro, primero por encima de la ropa y después por debajo, y cuando él estaba a punto de correrse, se la sacó y me la metió en la boca. Yo trataba de no ahogarme mientras seguía mirando la lámpara y veía cómo los colores se proyectaban en las paredes. Después me tragué el semen para no manchar nada y nos fuimos a tiempo para llegar a clase de Historia.

Pedro se levantó sin decir una palabra y se fue al baño. Yo me acerqué a la puerta y oí sus tan conocidos gemidos al otro lado.

Los rayos comenzaron el 1 de mayo de 1999. Tenía dieciséis años, y la noche anterior había salido porque ese día no había insti y me drogué mucho. Dicen que puede ser por eso que empezara a ver rayos, no lo sé; también puede ser que ese día, el 1 de mayo de 1999, empezaran los rayos y que diera igual lo que hubiese hecho antes en mi vida. Los rayos trajeron el miedo. Ya nunca nada volvería a ser lo mismo. Poco a poco dejé de salir y me fui distanciando de la gente, y mi madre se adjudicó todos los méritos.

MADRE.— La estoy enderezando.

HIJA.— Acabé el instituto o el instituto acabó conmigo, no lo tengo claro, pero decidí quedarme en casa. Mi madre salía a trabajar y yo la engañaba diciéndole que me había apuntado a un módulo de Administrativo al que nunca fui y después a uno de Corte y Confección. Se terminó enterando, las madres siempre se enteran de todo, lo que pasa es que a veces lo disimulan. Entonces le dije que quería trabajar, pero nunca busqué trabajo.

Volvemos a marzo de 2020.

Yo trabajaría..., pero según están las cosas ahora..., no es seguro, hay que llevar mascarilla y esas cosas.

MADRE.— ¡¿Ahora?! ¿Que no vas a trabajar ahora? Pero ¿qué dices? Si no has trabajado en tu puta vida.

HIJA.— No es verdad. En 2002 entré de reponedora en un supermercado. Aguanté dos semanas. Colocar aquellos productos en las estanterías con esa luz dándote en la cara todo el tiempo era muy complicado, y luego la gente, la gente me miraba y descolocaba las cosas y yo veía cómo se reían, se reían de mí, descolocaban todo y se reían, lo hacían aposta, toda esa gente /

MADRE.— ¿Tú sabes que cuando Tesla murió se llevaron todos los papeles que tenía en su caja fuerte?

Una taza de energía del universo daría energía libre a toda la humanidad, pero la energía libre acabaría con la economía mundial, estamos sometidos a una escasez artificial y Tesla lo sabía, y por eso destruyeron esos documentos.

En 1971, un español, Arturo no sé qué, inventa el motor de agua, agua y boro, y a funcionar. ¡Que hizo funcionar una motocicleta con agua! Bueno, que salió en la tele y todo, ¿y por qué no prosperó este invento? Franco no le dejó. Imagínate qué hubiera pasado con los países productores de petróleo, otra guerra... ¿Y qué pasó? Que Arturo cedió su patente al gobierno franquista y casualmente desaparecieron Arturo y la patente. Pero no se han cargado solo a Arturo, que, después de Arturo, por el mundo ha habido otros que han hecho funcionar hasta coches con agua, ¿y dónde están? Desaparecidos.

HIJA.— El 1 de mayo de 2004, para celebrar el quinto aniversario de la llegada de la radiación, decidí suicidarme. Mi madre acumulaba en un cajón un montón de pastillas y yo pensé que si me tomaba una buena combinación de ellas, y sin leche, para que me cayeran mal, acabaría con mi vida. Lo intenté, pero Pedro llegó a tiempo y me llevó al hospital. Nunca se lo perdonaría.

Ahí fue cuando empezaron a estudiarme y lo que mi madre llamaba /

MADRE.— Eres una vaga, es insoportable vivir contigo. Deja de tocarte, cerda, eres una guarra, me das asco. Ojalá no te hubiera tenido.

HIJA.— Se convirtió en una esquizofrenia paranoide a la que luego se le sumó la catatonia, y ahí volvemos casi al principio de esta obra, al 21 de junio de 2004.

MADRE.— ¿Cómo estás hoy?

Silencio.

¿Has dormido bien?

Silencio.

¿Quieres algo de desayunar?

Silencio.

Bueno... te prepararé algo.

Silencio.

¿Me escuchas?

Silencio.

Si necesitas algo me dices.

Silencio.

HIJA.— Siempre utilizamos el silencio como arma arrojadiza. He de decir, a mi favor, que yo en ese momento estaba muy afectada por la medicación y que me costaba mover cualquier músculo, pero también he de decir que, afectada o no por la medicación, el silencio siempre se ha usado en esta casa como una poderosa arma de rechazo.

Yo desde siempre sentí que mi madre no me escuchaba.

Mamá, hoy me he fumado un porro antes de venir a casa y tengo el estómago revuelto.

MADRE.— Come y calla.

HIJA.— Hoy un compañero no me devolvía la goma de borrar y he tenido que clavarle un compás.

MADRE.— Calla.

HIJA.— Veinte veces. Sus padres quieren denunciarme.

MADRE.— Cállate, que no escucho la tele.

HIJA.— Pues hoy en el instituto hemos hecho una orgía con el profe de Mates y ha sido /

MADRE.— ¿Sabes que la hija de Antonia, la vecina, se ha sacado la oposición de juez?

HIJA.— Poco a poco entendí que no hablar era mejor que no ser escuchado.

Y a base de que a uno no le tomen en serio, uno termina por comerse a sí mismo y, por lo tanto, por cagarse a sí mismo, y todo queda aquí *(señala su tripa)* o ahí *(señala la puerta del cuarto de baño)*; contenido en el cuerpo o en el váter.

MADRE.— Pero ¿qué dices de cagarse a sí mismo? Anda, cállate, que solo dices tonterías.

HIJA.— Pedro por aquel entonces viajaba mucho por trabajo.

MADRE.— Trabaja muchísimo. Como es jefe, organiza grandes eventos.

HIJA.— Y se pasaba largas temporadas fuera. Y mi silencio, en parte causado por la medicación, también era como una especie de venganza *(mirando a la Madre)*, para hacerte sentir más sola.

Pedro murió en 2010.

MADRE.— Solo dos meses después de trabajar como camarero jefe en el Club Bilderberg.

HIJA.— Le encantaba añadir lo de "jefe".

Ahí comenzó mi madre con lo de las ideas conspiranoicas.

MADRE.— En 2010, en el hotel Dolce de Sitges, se reúne el Club Bilderberg y Pedro allí, de camarero jefe. Ese año acudieron por España al Club: Zapatero; el del grupo Prisa, que se llama no sé qué

Cebrián; el de Acciona; Solbes, que había sido ministro de Economía hasta 2009, y la reina Sofía, que iba de oyente y no se perdía una. Allí, ya sabes que se decide todo. Ese año hablaban de mantener la recesión un poco más, de apretar un poco más. Zapatero dijo que confiaran en él, en sus soluciones, pero no. En 2011, en cuanto llegaron las elecciones se lo cargaron. Eso ya estaba decidido. ¿Por qué estuvo Solbes y no la que era la ministra de Economía por entonces, Elena Salgado? Pues muy fácil, es mujer y no podía irse de putas.

Yo creo que lo de Pedro no fue un infarto, que se lo cargaron. Seguro que si me pongo a investigar descubro que todos los camareros del Club han muerto en extrañas circunstancias.

HIJA.— Pedro no murió en extrañas circunstancias, estaba enfermo del corazón.

MADRE.— *(Utilizando el micro del móvil)* "Google. Muerte camareros Club Bilderberg".

Ajá. No sale nada, es evidente que han borrado la información.

HIJA.— ¿A vosotras no os pasa que llevas toda la vida sintiéndote fea y luego miras fotos de hace años y te ves guapa y piensas: "Por qué no me sentiría guapa entonces"? Habría sido todo tan diferente... Quizá dentro de diez o quince años mire alguna foto de ahora y me vea guapa, pero ya será demasiado tarde. Siempre tengo la sensación de que llego demasiado tarde a todo.

MADRE.— Nunca fuiste guapa, tendrías que haberte operado la nariz aquella vez que te lo dije, cuando todavía había esperanza.

HIJA.— Mi madre, una vez, cuando yo tenía diecinueve años, me vio mirándome en el espejo y me dijo:

MADRE.— Deja de mirarte, eres guapa... Si te operaras la nariz, claro.

HIJA.— Con veinte años decidí que solo me vestiría de negro y tiré toda la ropa de otro color, me hacía más delgada y además así sentía que llamaba menos la atención. Salía poco de casa, muy poco, a comprar pilas o chicles, pero sentía que así, de negro, como un ninja, podía pasar desapercibida, era casi invisible. A los tres meses, mi madre me pintó de rosa la habitación.

¿Por qué me has pintado la habitación de rosa?

MADRE.— Es muy bonito.

HIJA.— No es bonito, ese color terminará por volverme loca.

MADRE.— Venga ya, lo tuyo no tiene remedio.

HIJA.— Tú eres la que no tiene remedio. Me tenías que haber preguntado, es mi habitación.

MADRE.— ¿Tu habitación? Mientras vivas en mi casa, tú no tienes habitación.

HIJA.— No pienso dormir ahí.

MADRE.— Si no te gusta, ya sabes dónde está la puerta.

HIJA.— ¿Me pintaste la habitación de rosa para que me fuera?

MADRE.— No, la pinté de rosa porque me parecía bonito.

HIJA.— Por esa época, en una de estas que bajaba a la calle vestida de ninja a por chicles o pilas, me encontré con un chico del insti, uno con el que me había morreado un par de veces de pedo, hablamos un poco y me fui con él a su casa. Estuvimos viéndonos durante dos meses. Yo salía de mi casa con unos currículums debajo del brazo y mi madre me despedía con una sonrisa orgullosa. Un día de los que quedamos, en vez de esperarme directamente en su casa, me lo encontré en el portal y me dijo que no quería que nos volviéramos a ver. Bueno, literalmente me dijo: "Siento que no eres mi guerra", y me regaló un CD grabado de Coldplay. Era el año 2002 y acababan de sacar este disco que... no sé, no me acuerdo cómo se llama. Da igual, yo le di las gracias por el CD y me fui. Cuando llegué a casa me puse el disco...

Suena "In my place" de Coldplay.

Ahí me di cuenta de que durante dos meses la música que sonaba en su casa era este puto disco.

Sigue sonando.

Ese día también me di cuenta de que la gente puede ser muy cruel y de que Coldplay da mucho asco. No volví a estar con nadie más.

El disco se raya y la música se para de golpe.

Nadie nos enseña a encajar el rechazo. Ni el de los demás, ni el propio. Al menos aquí dentro, en esta casa, me protejo bastante del de fuera, pero del propio... de ese no me libro, imposible escapar. Me persigue, y a veces con tal fuerza que a uno le entran ganas de desaparecer o arrancarse los ojos para no verse más. Ella me lo nota y entonces se dedica a vigilarme, me controla las pastillas, se mete conmigo en el baño...

MADRE.— Contigo no hay descanso, siempre hay que estar alerta.

La Hija se encoge de hombros.

HIJA.— *Kill Bill II*, minuto 73 de la peli, Uma Thurman se está peleando con la rubia del parche y tiene toda la cara llena de sangre, entonces mira a cámara y me dice: "Amiga, más vale una hostia a tiempo que cien mil llantos a destiempo, y acuérdate de tapar la pasta de dientes que luego se seca la boquilla y no hay quien la saque". Cómo me hubiera gustado tener una hermana como ella. Y después sigue con la pelea. ¡Dale duro, Uma! ¡Sácale el ojo que le queda!

Yo... yo nunca vi bien por el ojo izquierdo. Dicen que la parte izquierda del cuerpo está conectada con la parte derecha del cerebro, que es la que controla las emociones. Eso explicaría por qué solo pierdo vista por este ojo.

¡Ah! Y lo de Uma... Bueno, a veces me pasa, recibo mensajes a través de algunos personajes de las pelis.

¿Lo has oído?

MADRE.— ¿Quéééé?

HIJA.— Ese, el rubio.

MADRE.— ¿Brad Pitt?

HIJA.— Sí.

MADRE.— ¿Qué?

HIJA.— Acaba de mirar a cámara y me ha dicho: "Mientras estoy con ella, imagino que eres tú", y me ha guiñado un ojo. Después ha añadido algo más pero ya no le he escuchado.

MADRE.— Creo que ha dicho que cierres la ventana, que hay corriente.

HIJA.— *Troya*, minuto 109. Brad Pitt tiene secuestrada a la chica como en una tienda de campaña pero la trata medio bien. Afuera hay cadáveres, muchos cadáveres, y entonces él le dice eso de que los dioses les tienen envidia porque son mortales y que todo es más hermoso cuando tiene un final. Después ella intenta matarlo mientras duerme, él se despierta y le dice que lo haga, pero ella se queda quieta y él, sin apartar el cuchillo de su garganta, empieza a besarla y, de repente, para un momento, mira a cámara y dice eso: "Mientras estoy con ella imagino que eres tú", y luego ya ella no es más ella, soy yo. Muy fuerte.

Cómo me gustaría tenerlo de novio. Me he masturbado tantas veces con esa escena...

14 de abril de 2020. Tengo treinta y seis años y aún guardo la pistola en mi cajón. Mi madre siempre lo supo, pero nunca dijo nada. Probablemente estaba muy tranquila porque ella era la única que sabía dónde estaban las balas. Ella siempre ha tenido el poder, ella sabía dónde estaba la pistola, pero yo no sabía dónde estaban las balas.

MADRE.— Las naves espaciales siempre aterrizan cerca de los centros nucleares. Quieren nuestras armas nucleares, quieren neutralizarlas, claro. Sabemos lo que esas armas hacen aquí, mira Hiroshima y Nagasaki, pero ¿y lo que hacen en el universo? Eso no lo sabemos, pero por algo será que siempre aterrizan ahí. Les preocupa nuestra hostilidad; bueno, les preocupaba, ahora ya han visto que somos tan ineptos que han decidido tomar el mando, y si no fuera porque los extraterrestres están ganando poder entre nosotros, ¿cómo se explicaría la llegada de Trump al poder?

Es el primer presidente de Estados Unidos que dice abiertamente que no cree en los extraterrestres, ¿por qué será?

A Carl Sagan le obligaron a retractarse. Clinton quería hablar y, justo cuando iba a hacerlo, sacaron lo de Monica Lewinsky. Los Bush, esos son de los que más contactos extraterrestres han tenido. ¿Tú sabes que Bush padre fue director de la CIA cuando Gerald Ford era presidente?

HIJA.— Le encanta decir muchos nombres, sobre todo de presidentes de Estados Unidos. Creo que se siente inteligente cuando los pronuncia.

MADRE.— Y le dijo: "Jerry, es mejor que no sepas nada". Por eso luego pusieron a Bush hijo, era necesario que todo quedara en familia. Lo de las Torres Gemelas lo hicieron ellos para desviar el foco, poniendo la atención en las supuestas armas de destrucción masiva de los yihadistas. Señalar el peligro de fuera para tapar otras cosas, eso se hace mucho. Bin Laden nunca existió.

HIJA.— La miro mientras habla y pienso: "Qué manera de consumir oxígeno". Mi madre consume tanto que a veces siento que no queda oxígeno para las dos. Después miro el insectario de mi padre, está vacío; miro al techo, todos los bichitos que hace unos minutos estaban clavados dentro de ese marco al otro lado de cristal ahora agitan sus alas o sus antenitas pegados al techo, mantienen los alfileres clavados en el cuerpo, pero eso no les impide moverse.

MADRE.— A Kennedy lo mataron por eso, por lo de los ovnis; quería contarlo todo.

HIJA.— Mariposas, polillas, escarabajos, tijeretas, moscas, una mariquita, libélulas, saltamontes...

MADRE.— A Marilyn Monroe también, por lo mismo, porque Kennedy y ella estaban juntos y ella lo sabía todo. Mira, el 19 de mayo de 1962, Marilyn le canta el *Happy birthday* a Kennedy y el 4 de agosto del mismo año aparece muerta, ¿casualidad?

HIJA.— Avispas, abejas, abejorros, pececillos de plata, hormigas, cucarachas, hasta una mantis religiosa...

MADRE.— ¿Sabes que los Bush pertenecen a los Illuminati? Estos vienen de los masones y eso, y luego están los reptilianos, hombres lagarto que vienen del espacio exterior. Dicen que Barack Obama es un reptiliano, pero no sé, a veces dudo. Al parecer, los Illuminati son republicanos y los reptilianos demócratas, pero el objetivo de todos es el mismo: dominar a los humanos. ¿Qué miras?

HIJA.— "Caer en el abismo", hoy alguien ha dicho eso en una película. No sé qué significa *abismo*, pero he sentido que esa frase, "caer en el abismo", me representa, como a mi madre le representa la frase /

MADRE.— Y yo cargando con este vacío.

HIJA.— He buscado *abismo* *(leyendo en el móvil)*: "Precipicio o lugar de gran profundidad en el que no puede verse el fondo".

Abismo... qué bonita palabra. A-BIS-MO.

Hace un gesto como si se la escribiera en el brazo.

Algo que también me define es *desgraciada*, en todos sus significados:

1. "Que causa o conlleva desgracia".
Ejemplo: "Un amor desgraciado", o "Fueron los meses más desgraciados de mi vida".

2. "Que carece de gracia o atractivo".

Mira al frente, se encoge de hombros y sonríe.

3. "Que resulta desagradable o desacertado".

Señala a su madre y luego a ella misma.

Nosotras.

4. "Que sufre desgracia".
Ejemplo: "Una multitud de desgraciados esperaba en la frontera".

5. "Que no es feliz".
Ejemplo: "Hace desgraciados a cuantos lo rodean".

6. "Que tiene mala suerte".
Ejemplo: "¡Desgraciados los artistas que por inercia se dan en épocas en que ya no se les necesita!".

7. "Que vive en una situación económica deficiente".
Ejemplo: El mío, que no tengo un duro.

8. "Que inspira compasión o menosprecio".
"¡Pobre desgraciada...!", eso es lo que pensáis vosotros de mí, ¿verdad?

9. "Que es perverso, canalla o miserable".
Ejemplo: *(Poniendo acento mexicano)* "Le dije que no confiara en él, que era un desgraciado".

Sin embargo, no sé por qué motivo, las desgracias siempre me han hecho reír.

Comienza a reírse sin parar.

MADRE.— Por el amor de Dios, deja de reírte.

Se ríe con más fuerza.

Vale ya, nos estás avergonzando a todos. Ni en el entierro de tu padre puedes guardar algún respeto.

Se sigue riendo.

HIJA.— Quiero ir al entierro de Pedro.

MADRE.— ¿Para qué? ¿Para no parar de reírte como hiciste en el funeral de tu padre?

La Hija se sigue riendo.

HIJA.— Reírte cuando no sabes por qué te ríes, tener mucha sed y beber agua, acordarte de los sueños a la mañana siguiente para no olvidarlos *(pone el ventilador)*, abrir la ventana y dejar que el aire corra, poner los pies al sol, engancharte con una serie y no pensar en otra cosa que no sea ver el capítulo siguiente, una ducha calentita, ver una discusión de vecinos por la ventana o alguna reconciliación, dejar que el chocolate se vaya fundiendo en la boca, hacerte cosquillitas en el brazo y lo que no es el brazo.

Cuanto más triste es tu vida, más fácil es entender lo que es la felicidad. Aunque a veces las pastillas anulan todo esto y ni la brisa, ni el sol, ni siquiera el chocolate se sienten; pero este no es uno de esos momentos, en este momento... sí siento, me siento...

Empieza a hacerse cosquillitas en el brazo y sigue por el resto del cuerpo.

MADRE.— Claro, por eso se hicieron tantas campañas de ridiculización de los ovnis. Todos los que salían diciendo que habían visto un ovni eran paletos; eran paletos o les hacían hablar en inglés y eran latinos, cosas así. Es como ahora con los negros, los ponen a hablar en español para que parezcan idiotas, en cambio a los blancos los dejan hablar en su idioma y los subtitulan. Así unos tienen más credibilidad que otros, porque es inevitable parecer un poco idiota hablando en un idioma que no es el tuyo, eso es así.

¿Has oído a Trump diciendo que el covid-19 lo han inventado los chinos en un laboratorio? Pues es mentira, lo dicen para despistar.

En realidad, lo han traído los extraterrestres. Al parecer, en octubre de 2019 cayó una bola de fuego en el norte de China y ahí venía. Y, claro, con el 5G, pues todo se extiende de una manera que no es normal.

Por lo visto, Bill Gates está metido en todo el tema de la vacuna, quieren hacer una "vacuna" que en realidad es un chip para tener controlados todos nuestros movimientos, lo acaba de decir Miguel Bosé por Twitter.

Yo, por si acaso, he comprado bitcoins, por lo que pueda pasar. Desde lo de Marilyn es evidente que no estamos a salvo.

Mira a la Hija.

¿Qué haces? Deja de toquetearte. Con esta chica una no puede relajarse ni un momento. Mano dura es lo que tú necesitas, mano dura.

HIJA.— Sí, dura, bien dura, mamá, bien dura.

La Madre se levanta y la da una torta. Y se vuelve a sentar con los cascos y la tablet.

¡Ay!

Desayuno con diamantes, minuto 39. La prota, sentada en la ventana con una guitarrita, canta esa de *Moon river* (la tararea), termina de tocar y, antes de saludar al vecino de arriba, me mira y me dice: "La belleza está en el interior y tú eres muy bella, todo va a salir bien, y no olvides apagar la luz al salir del baño". Ella, ella, diciéndome a mí que soy bella. Cómo me hubiera gustado tenerla como hermana o como novia. Los personajes siempre me han dado buenos consejos.

MADRE.— Otra vez la luz del baño encendida, ¿eres tonta o qué?

HIJA.— ¿Ves?

Me encanta ver películas y series, es prácticamente lo único que hago, ver series y películas, es como vivir a través de otros, enamorarte a través de otros. Las veo en el móvil porque mi madre un día decidió que no veíamos más la televisión, y yo me puse tan triste que me prometió que me contrataría el Netflix y se me pasó un poco.

¿No creéis que los colores del mundo real solo parecen verdaderos cuando los vemos en una pantalla?

El otro día, en una película china decían que correr hace perder líquidos y así no te queda líquido para las lágrimas. Yo no corro, pero tampoco lloro. Sería bonito eso de llorar, parece que consuela. Yo a veces siento que tengo ganas de llorar, pero no lloro, aunque sí recuerdo lo que era llorar, porque yo antes lloraba. Ahora ya, con todas estas pastillas, no lloro, por eso no hace falta que salga a correr.

También he oído que la gente como yo tiene el líquido cerebral como desequilibrado y con el afecto se equilibra, pero eso es otra historia.

Mamá, mamá, mamá, mamá...

La Madre se quita los cascos.

MADRE.— Deja de molestarme, ¿qué quieres?

HIJA.— ¿Me das un abrazo?

MADRE.— Déjate de tonterías y ve a lavarte las manos.

HIJA.— Luego os cuento cómo desapareció la televisión de nuestras vidas, pero antes voy a contaros cómo desaparecieron otras cosas.

MADRE.— Tú lava bien el pollo, lávalo bien que a través de la carne nos pueden meter cualquier cosa, así que lávalo bien...

¿Sabes que fue Rockefeller el que inventó el feminismo? Para que las mujeres se incorporaran al trabajo y empezaran a pagar impuestos... ¿Lo estás lavando bien? Lava bien ahí porque puede haber una célula o algo que de repente te lo comes y... Tú lava, dale bien, porque, una vez dentro, pues ya se pierde de vista y si se fusiona con nuestro organismo nos puede transformar en yo qué sé qué...

¿Por dónde iba? Sí, para pagar impuestos y para romper las familias poniendo a las mujeres en contra de los hombres, y así crear una sociedad de personas que se dedican a trabajar y a consumir y ya está. Y lo más importante, para que los niños no se criaran con sus madres y consideraran al Estado, a la patria, como su madre y así adoctrinarlos.

HIJA.— Padre, hijo, patria. ¿Ves? Otra vez la madre no existe.

MADRE.— ¿Que la madre no existe? Y quién está aquí contigo ahora, ¿eh? ¿Quién? ¿Quién soy? ¿Quién está todo el puto día contigo? Desde siempre.

HIJA.— Mi madre tuvo que dejar de trabajar para cuidarme y ocuparse de mí, y siempre que puede me lo dice.

MADRE.— Yo tuve que dejar de trabajar para ocuparme de ti y lo único que sabes decir es que "la madre no existe". Yo tenía un buen trabajo y me gustaba.

HIJA.— Nunca me quedó muy claro de qué trabajaba mi madre, en una oficina o algo así. ¿Cuál habría sido su futuro si yo no hubiera nacido? Nunca lo sabremos.

MADRE.— Yo quería ser madre, no madre coraje, ¡coño! Esto es insoportable. No sabes cómo me arrepiento de haberte tenido.

HIJA.— Pues no haberlo hecho.

MADRE.— "No haberlo hecho", lo que me faltaba por oír.

La Madre intenta darle un bofetón, la Hija lo esquiva y la Madre lo sigue intentando. La Hija empieza a correr por la cocina con el pollo en la mano, perseguida por la Madre.

HIJA.— Llevo no sé cuántos años esquivando hostias y rayos, ya no me pillas.

Siguen en el juego, una persigue y la otra esquiva.

MADRE.— *(Gritando)* ¡El pollo está vivo!

La Hija lanza el pollo al aire, la Madre lo coge con una mano y con la otra le da una torta a la Hija.

HIJA.— Las madres siempre conocen nuestros puntos débiles.

25 de diciembre de 1992. Cochinillo al horno.

Mamá, ¿seguro que el cerdito está muerto?

MADRE.— Claro, hija.

HIJA.— Entonces, ¿por qué me mira?

20 de octubre de 2002.

MADRE.— Ya me han dicho que has dejado el trabajo.

HIJA.— Mamá, se reían de mí, me miraban y se reían de mí, descolocaban todo aposta, y los peces esos de la pescadería movían los ojos cuando yo pasaba; yo creo que tienen a los peces vivos.

Volvemos a hoy.

Se repite el tortazo.

¡Ay!

MADRE.— A ver si aprendes a respetar a tu madre. Y ahora ahí, a limpiar el pollo, tú lávalo bien, dale ahí, yo mientras voy cortando esto.

Se pone a trocear cebolla.

Vivimos en ciudades donde no se produce prácticamente nada que sirva para mantenerse vivo. Lo estás lavando bien, ¿no? ¿De dónde viene esto? ¿Cuánto ha viajado? ¿Cuánto petróleo se ha consumido para que esto esté aquí? Deberíamos dejar de comer y morirnos de hambre. Vamos a tirarlo. Vamos a tirar el pollo ahora mismo, ¡vamos a tirarlo! No dejaremos que nos contaminen.

Tira el pollo a la basura y le da a la Hija la cebolla.

Corta esto, córtalo tú, corta esto y yo mientras pienso qué podemos comer.

El PIB, el PIB... Pero ¡¿qué mierda es eso?! ¿Qué mide, qué mide el PIB? ¡¿Mide acaso cómo estamos las personas?! ¡No! Solo mide la economía. Podríamos ser un país de enfermos mentales, que a lo mejor lo somos, venga a comprar pastillas, venga a comprar pastillas, y el PIB ve eso y sube. Pero, alma de cántaro, ¿tú has visto en qué estamos gastando el dinero? Qué va a ver. El PIB no ve nada. El PIB no se entera de nada. El PIB solo mide la riqueza económica. ¿Y dónde queda la riqueza moral, espiritual, intelectual? ¡¿Dónde?! ¡¡Me cago en el PIB!!

Empieza a llorar.

HIJA.— Hacía mucho tiempo que no veía llorar a mi madre.

La Madre se queda mirando cómo corta la cebolla y le indica cómo hacerlo mejor.

MADRE.— Así no, así.

HIJA.— ¿Estás llorando?

MADRE.— Es por la puta cebolla.

HIJA.— Creo que miente.

MADRE.— A ver, hazlo tú.

¡Así no! ¿No te das cuenta? Así. No, claro que no te das cuenta, de qué te vas a dar tú cuenta. Todo el día empastillada.

HIJA.— Sí, tomo pastillas, muchas: unas para las paranoias, otras para la depresión, otras para dormir, otras para despertarme. Por el día, las que me estimulan y, por la noche, las que me duermen, ¿o es al revés?

MADRE.— Otra vez. ¡Que no lo cojas así!

Qué miedo das con el cuchillo. Trae. Así. Según lo coges, es que te miro y te vas a cortar.

A lo mejor es lo que quieres, cortarte y dejarlo todo perdido de sangre. Y luego, ¿qué? Lo tendré que limpiar yo, como siempre, porque siempre me toca limpiar todo, llevo toda la vida limpiando todo, estoy cansada...

La Hija se corta.

HIJA.— ¡Ay!

MADRE.— ¿Ves? Lo sabía, sabía que te acabarías cortando. ¿Y ahora qué?

Le pone un trapo alrededor de la mano.

HIJA.— Cuando mi madre dice que algo va a pasar, pasa. Ay, duele.

MADRE.— Te lo he dicho. Lo has hecho aposta, ¿no? Para ponerme nerviosa. ¿Y ahora qué comemos? El pollo en la basura, la cebolla llena de sangre... ¿Te puedes sujetar tú esto o también tengo que hacerlo yo?

¡¡No lo soporto más!!

¡Se acabó el comer en esta casa! A mí nadie me paga por hacerte la comida, a mí nadie me paga por hacer nada de lo que hago en esta casa, así que ya no lo hago más. ¡No pienso volver a cocinar en mi puta vida!

Y toda la vida cargando con este vacío. Se acabó.

Mientras la Madre dice "cargando con este vacío", la Hija mueve los labios imitándola.

¿Sabes lo que voy a hacer con todo esto? ¡A la mierda!

Empieza a tirar menaje de cocina por la ventana.

HIJA.— Cazos, sartenes, utensilios, todo cayendo... cayendo al abismo. Aquel día se dejó de cocinar en esta casa.

MADRE.— Ahora somos crudiveganas. Mira, una zanahoria, qué rica.

HIJA.— Fue el 14 de julio de 2016. Esta cicatriz es de ese día.

Enseña la cicatriz de la mano.

Menos mal que en la ducha todo es distinto. En la ducha, con el sonido del agua cayendo y mi cuerpo calentito y abrazado por el agua, pienso con claridad, ahí mis pensamientos se colocan, me siento con fuerzas para hacer que algo cambie, para tomar decisiones, para coger el toro por los cuernos, para salir a la calle y enfrentarme al mundo. Pero cuando salgo decidida y me pongo la toalla, todo se desvanece y vuelve el caos.

MADRE.— He encontrado una entrada a libros censurados.

HIJA.— ¿Y qué pone?

MADRE.— "Error 404". Era de esperar, por otro lado.

¿Sabías que Shakespeare nunca viajó a Italia?

HIJA.— ¿Quién?

MADRE.— Shakespeare.

HIJA.— No sé.

MADRE.— ¿No sabes quién es Shakespeare?

HIJA.— Me suena.

MADRE.— El de *Romeo y Julieta*.

HIJA.— ¡Ah! Sí, la he visto. Sale Leonardo DiCaprio. Me gustó el final.

MADRE.— Bueno, pues eso, que cómo pudo escribir *Romeo y Julieta* si nunca estuvo en Verona. Al parecer fue Marlowe el que sí viajó a Italia, estaban liados y escribían juntos, eran como Bonnie y Clyde, como el matrimonio Curie, como Beauvoir y Sartre, como Sergio y Estíbaliz...

HIJA.— Le encanta decir nombres, nombres, nombres...

MADRE.— ... como Don Quijote y Sancho Panza, como John Lennon y Yoko Ono, como Marco Antonio y Cleopatra.

¿No te parece raro que Stanley Kubrick estuviera a sueldo en la NASA los meses anteriores a julio del 69?

HIJA.— ¿Quién?

MADRE.— Kubrick, el de *La naranja mecánica*.

HIJA.— Ah, sí. La he visto. Recuerdo que después de verla estaba convencida de que Pedro guardaba una serpiente en su cajón. Cuando Pedro murió, me quedé más tranquila, pensé que ya nadie la alimentaría y se moriría pronto y solo sería un cadáver más dentro de la casa.

MADRE.— Julio del 69. Armstrong, Aldrin y Collins pisan por primera vez la Luna.

Pausa.

¡Todo fue mentira! Lo dirigió Kubrick. Los primeros en llegar a la Luna fueron los nazis. Crearon unos platillos volantes con los que llegaron a la Luna y allí tienen guardados documentos nazis y otras cosas. Todo esto con el visto bueno de las potencias mundiales, claro.

El terremoto de Haití fue un experimento del High Frequency Active Auroral Research Program...

HIJA.— No soporto el intento de mi madre de decir palabras en inglés.

La Hija va a por la pistola.

MADRE.— Bueno, pues estos del High Frequency... HAARP, para resumir, son capaces de cambiar hasta la temperatura global, que no es tontería. Los tsunamis, por lo visto son detonaciones atómicas en el océano. Si es que todo tiene una explicación. Ahora, lo de que la Tierra es plana no me convence. Uno tiene que saber pensar por sí mismo y eso yo lo pienso y no me cuadra.

La Madre sigue hablando, aunque casi no se la escucha.
La Hija le apunta con la pistola.

Al parecer hay un complot para reemplazar la actual población europea por población del norte de África. Los poderes económicos esperan de ellos una mayor docilidad, sería como volver a la esclavitud. Según esta teoría, la cantidad de refugiados que fueron a Alemania en 2015 fue algo planificado de antemano. Por otro lado, hay muchos negros a los que se les deja morir en el mar, porque Europa no quiere que vengan, lo que me lleva a pensar que quizá esta teoría sea falsa. Sinceramente, a Europa no hay quien la entienda, porque ahora andan con campañas de fomento de la natalidad, pero si somos plaga, no hay quien entienda a Europa. ¿Quieren que las europeas tengan hijos, pero por otro lado dejamos que mueran los de otras que podrían vivir aquí? A Europa no hay quien la entienda, ¿alguien entiende a Europa? Que me lo explique, porque yo a Europa no la entiendo, no entiendo a Europa.

HIJA.— A veces no he podido evitar apuntar con la pistola a mi madre mientras habla, habla, habla y habla... Quizá habla para sentirse acompañada a pesar de que sabe que nadie la escucha, pero ¿cómo matar a una madre?

MADRE.— Jesús habría estado casado con María Magdalena y habría tenido varios hijos, pero la hicieron desaparecer de la historia, como si no hubiera existido.

HIJA.— ¿Cómo matar a una madre que no existe? ¿Cómo matar a alguien que nunca ha existido? Pero ella habla, habla y habla, como si el simple hecho de hablar la dotara de existencia.

MADRE.— Hablo, luego existo.

HIJA.— Y sobre todo, ¿cómo matar a alguien con una pistola sin balas?

MADRE.— El sida es una creación de la industria farmacéutica, con el apoyo de la CIA, para acabar con la población homosexual, los negros y las prostitutas.

HIJA.— Cállate, cállate, cállate, cáááááállaaateeeeeeeeeee...

MADRE.— Anda, deja eso y pon esto a cargar, que se ha apagado.

La Hija deja la pistola en el sillón y coge la tablet.

HIJA.— ¿Por qué te obedezco siempre?

MADRE.— Quizá sientas compasión.

HIJA.— O miedo.

Pone a cargar la tablet.

Una pregunta: ¿por qué me tuviste?

Silencio.

Mi madre siempre ha tenido la capacidad de hablar cuando no quiero escucharla y de callar cuando quiero que hable.

¿Me vas a contestar?

Si no me contestas, cojo el cargador y lo tiro por la ventana. Sí, en esta casa somos así, muy de tirar cosas por la ventana.

Nos vamos al 20 de enero de 2017.

MADRE.— Si es que tenemos la imaginación secuestrada. Podemos imaginar el fin del mundo, pero no podemos imaginar el fin del capitalismo. ¿Y sabes quién es el culpable?

HIJA.— Y señala la tele, donde se ve a Trump tomando posesión de su cargo de presidente de los Estados Unidos.

Trump es el culpable.

MADRE.— No, Trump no. Él es solo un títere de los de arriba *(señalando al cielo)*. Hablan de libertad, se les llena la boca hablando de libertad, ¿libertad para qué? ¿Para consumir? Nosotras ni eso, y encima estamos obligadas a actuar como si fuéramos libres. Se acabó, no vamos a dejar que nos manipulen más, a partir de ahora vamos a pensar por nosotras mismas.

La Madre se levanta con mucha calma, desenchufa la televisión, la coge y la tira por la ventana.

HIJA.— ¡¡¡¡¡Noooooooooooooooooooooooooooooo!!!!!

Silencio. Se miran.

Volvemos donde lo dejamos.

¿Qué prefieres que tire al abismo, la tablet o el cargador?

Silencio.

¡¡¡¡Que me contestes!!!!

MADRE.— Bueno, a veces pasa, que se tienen hijos...

¿Sabes que está demostrado que estamos preparados tecnológica-
mente para las placentas artificiales? Pero ¿qué pasaría? ¿Cómo
someter a las mujeres entonces? Además de que sale mucho más
barato el vientre de una ucraniana que una placenta de estas de
laboratorio.

HIJA.— No te aguanto, me sacas de quicio.

> *Se acerca para golpearla, y al final le da con un cojín.*
> *La Madre coge la pistola y se la ofrece a la HIja.*

MADRE.— Si vas a golpearme, hazlo con algo más duro. Con esta
pistola, por ejemplo.

HIJA.— ¡Basta ya! Quiero que esto acabe. Necesito que esto acabe.

MADRE.— Anda, cállate, a nadie le interesa tu opinión ni lo que tú
necesitas. ¿Te has visto? No vales nada. Ya no vales nada.

HIJA.— ¿Por qué me tuviste?

MADRE.— ¿Por qué no te vas? ¿Por qué no te mueres?

HIJA.— Estás loca.

MADRE.— Loca, ahora soy yo la loca. Pues mira, sí, igual estamos locas las dos, así de loca, mira qué loca estoy...

HIJA.— *Loca* siempre es un detonante de algo, en este caso de que mi madre corriera detrás de mí para darme una hostia y de que yo corriera más rápido y me encerrara en el baño, porque es el único lugar donde hay cerrojo.

Cada una a un lado de la puerta del baño.

MADRE.— ¿Crees que tu padre te dejó la pistola para acabar conmigo? ¡Pues no! Te dio la pistola para que acabaras contigo. ¿Quieres saber dónde están las balas? Yo te diré dónde están. Las balas están...

HIJA.— No quiero oírlo, no quiero oírlo. ¡Cállate! Cállate...

Se tapa los oídos. A la Madre se la ve gritar, pero no se la escucha porque la Hija tiene los oídos tapados.

¿Qué haría si tuviera una bala, una única bala? ¿Ella o yo?

Allí dentro, dejaba pasar el tiempo y, cuando todo se calmaba y sentía que todo había vuelto a la normalidad, salía.

La Madre le da una hostia.

HIJA.— ¡Ay!

MADRE.— Por lo de antes.

HIJA.— Nunca me pregunté de dónde había sacado mi padre aquella pistola, nunca me pregunté nada sobre mi padre; sobre ese hombre que oía llegar cuando yo ya estaba en la cama y que ya se había ido cuando yo me levantaba, de ese hombre que se pasaba los domingos tumbado en el sofá roncando. Nunca supe quién era mi padre ni a qué se dedicaba.

MADRE.— Negocios.

HIJA.— Negocios. Solo sé que antes de morir me regaló la pistola y me dijo: "Llegado el momento, sabrás qué hacer con ella". ¿Me la daría, como dice mi madre, para que acabase conmigo?

> *Podría sonar "Pompa y circunstancia" de Edward Elgar, minuto 1:51, o no.*
> *La Hija se ha quedado de pie, parada con los brazos rígidos.*

MADRE.— ¿Qué haces ahí parada? ¿Ya te quedaste catatónica otra vez?

> *La Madre la observa, le comprueba los ojos y el pulso. Ella habla casi sin mover los labios.*

HIJA.— Catatonia: "Síndrome psicomotor que se da en ciertas formas de esquizofrenia, caracterizado especialmente por el negativismo y la catalepsia generada por una profunda melancolía".

La catalepsia es un estado biológico en el cual la persona está inmóvil, en aparente muerte y sin signos vitales, cuando en realidad se encuentra viva, ya sea consciente o inconsciente. También puede ser que el individuo presente signos vitales /

MADRE.— Tienes signos vitales.

HIJA.— Pero sea incapaz de controlar sus extremidades... Esto es lo que me pasa a mí: rigidez corporal, mirada fija y no respondo a estímulos.

> *La Madre arma el brazo para darle una torta, pero ella ni se inmuta.*

Es como caer en el abismo o, como diría mi madre, "cargar con este vacío".

La Hija sigue inmóvil y a través de los movimientos de la Madre se intuye el discurrir del día: se pone a ver la tablet tranquilamente, cambia de postura, luego se levanta y sale, vuelve comiéndose una zanahoria, hace unos ejercicios gimnásticos en el suelo, se corta las uñas, limpia el polvo, se ríe con algo que ve que le hace mucha gracia, se queda dormida, se despierta, se levanta estirándose como para irse a la cama.
Acaba la canción, si es que estaba sonando.

MADRE.— A la de tres te vas a mover. Una, dos y tres. Muévete.

La Hija se mueve.

HIJA.— 3 de mayo de 2020. Día de la Madre.

MADRE.— ¿Qué te parece si salimos a dar un paseo? Ya se puede salir a dar un paseo. A las ocho, ¿qué te parece?

HIJA.— No voy a salir.

MADRE.— Llevas mucho tiempo sin salir.

HIJA.— Por eso.

MADRE.— Pero a lo mejor este es un buen momento para empezar a salir como todo el mundo.

HIJA.— Yo no soy todo el mundo.

Estoy triste desde que ayer se terminó el confinamiento, otra vez la gente y yo volvemos a ser diferentes. Ellos fuera, yo dentro.

MADRE.— Hoy es el Día de la Madre.

HIJA.— La madre no existe.

MADRE.— Esto es muy triste, hija, es muy triste estar así. Yo voy a salir un ratito, necesito despejarme. Hoy es el Día de la Madre, ¿quieres darme un abrazo? Ven, dame un abrazo.

HIJA.— No.

MADRE.— ¿No? Dame al menos la mano.

HIJA.— No quiero tocarte.

MADRE.— Pero ¿qué te he hecho yo para que me odies tanto?

HIJA.— No. ¿Qué te he hecho yo para que me odies tanto?

Se miran.

MADRE.— ¿Cuánto vas a aguantar así? ¿Crees que vas a aguantar mucho más así? Aquí metida, para siempre, sin salir.

HIJA.— Ya no tengo remedio, tú misma lo has dicho. Ya nadie puede quererme.

MADRE.— Bueno, a veces se dicen cosas... Podrías tratar de quererte un poco a ti misma, al menos.

¿Me dejas que te dé un beso?

La Hija se queda parada, la Madre se aproxima muy despacio y le da un beso tenso en la mejilla.

HIJA.— Siempre así. Mismas preguntas, mismas respuestas, aunque por dentro... aunque por dentro truene, aunque en el pecho sienta un paisaje de tormenta en el que sola, perdida, mojada y muerta de frío no hago otra cosa que correr y correr buscando cobijo.

Desearía haber muerto aquel día, tumbada en aquella alfombra, con esa claridad, con la lámpara de strass sobre mi cabeza, una polla en la boca y viendo aquellos colores que se movían por las paredes. Ahora ya es demasiado tarde y solo me queda esperar a que mi luz se extinga del todo.

Sé que te hubiese gustado que fuera de otra forma; a mí también me hubiera gustado. Siempre he sentido tu "está mal". Para ti nunca he sido buena, nunca he hecho nada bien.

Tú has sido muchas cosas en la vida. Yo solo he sido hija, una mala hija, y me hubiera gustado tanto ser alguien, no tener miedo, pero nunca encontré la línea que hay que cruzar para empezar a ser alguien, para ser digno de recibir amor. Debe de estar fuera de esta casa y, como no salgo, pues no la he encontrado. Así que aquí estoy, en esta parte de la línea, donde se da la no existencia.

Tomo pastillas, muchas: unas para las paranoias, otras para la depresión, otras para dormir, otras para despertarme... Por el día, las que me estimulan y, por la noche, las que me duermen, ¿o es al revés?

Como veis, el texto se repite, siempre es lo mismo.

Por el día tengo sueño y por la noche me cuesta dormir y oigo todos los sonidos: el agua que cae por las tuberías, sus ronquidos, el siseo de sus sábanas con cada movimiento, el chasquido de un mueble, el viento golpeando las ventanas, oigo los gritos lejanos, una puerta que se cierra, pero lo que oigo con más intensidad es la radial que corta el techo de mi habitación. A veces, cuando no puedo dormir, intento imaginarme que vivo, que estoy viviendo, pero no lo consigo; la sensación real de vivir solo la tengo cuando estoy dormida y sueño.

Otra de las cosas que también se perdió en esta última etapa fue la risa de mi madre. Hace tanto que no la oigo reír, no una carcajada momentánea por algo que ha visto, sino reír de verdad, sin poder controlarlo.

Con Pedro te reías mucho.

La Madre se ríe.

MADRE.— Para, para, me meo.

HIJA.— Yo nunca le vi la gracia a ese señor, pero tú parecías tan feliz...

MADRE.— Cómo eres, Pedro, me parto contigo...

La Madre sigue riéndose. La Hija sonríe.

HIJA.— Me encantaba oírla reír.

Mamá, he pensado que podía ir al psicólogo. En todas las series que veo, la gente va y les sirve bastante.

MADRE.— Putos yanquis.

HIJA.— ¿Qué?

MADRE.— Tú ya vas.

HIJA.— Voy a un psiquiatra con el que hablo veinte minutos cada dos meses, no es igual.

MADRE.— Te receta lo que necesitas y tú te lo tomas, no se puede hacer más.

HIJA.— La gente se desahoga.

MADRE.— ¡¿Qué?! "La gente se desahoga", dice. Claro, funciona así: tú hablas, hablas, hablas y el psicólogo hace que apunta cosas, pero en realidad lo que hace es bajar la cabeza para mirarse el reloj y así, cuando pase la hora, decir con tono amable: "Por hoy, vamos a dejarlo aquí". Sesenta pavos. ¡A tomar por culo, la psicología y las putas terapias! ¡Sacadineros! Puro capitalismo, nos desquician para luego ponernos cuerdos... Pues no, amigo, la cordura no existe. Y el que piense que está cuerdo es el más loco de todos. ¡Me cago en toda esa mierda! *Mindfulness* de qué, auto-descubrimiento, transpersonal.

Hace un corte de mangas.

HIJA.— Cada dos meses nos cogemos un taxi para ir a la psiquiatra esa. Yo voy con los ojos cerrados, no quiero provocar nada en el trayecto. Una vez los abrí sin querer y el conductor me estaba cla-vando la mirada por el espejo retrovisor, los volví a cerrar rápido y nos libramos de un accidente. De lo de ir al psicólogo no se vol-vió a hablar.

MADRE.— Podíamos ir un día al campo.

HIJA.— No.

MADRE.— ¿Por qué? Dicen que es bueno el contacto con la natura-leza.

HIJA.— No es necesario.

MADRE.— Necesario no, pero puede estar bien.

HIJA.— Mamá, no es necesario arriesgar la vida de nadie por pasar un día en el campo. Mírate algún documental de naturaleza, hay un montón.

A veces pienso que mi madre es muy egoísta.

La Madre se queda triste.

Me encantaría hacerme un tatuaje aquí *(se señala el brazo)* en el que pusiera ABISMO. Molaría, ¿que no?

Pi pi pi pi pi...

Se lleva la mano al oído como si le estuvieran hablando por un pinganillo.

Me dicen por aquí que es necesario explicar un poco más lo de los rayos.

Bien, los rayos son rayos, que solo yo veo, que salen de diferentes fuentes energéticas y que tienen como misión acabar con mi libertad de movimientos y mi esperanza de vida, y que las pastillas aplacan, y he decir que desde que la televisión no está ya casi no los veo. Era la mayor fuente de radiación de la casa, sin lugar a dudas. Lo que no consiguen aplacar las pastillas es el sonido de la puta radial que corta el techo de mi habitación.

Pi pi pi pi pi... ¿Sí? Me piden paso para unos consejos publicitarios.

Intenta llamar la atención de la Madre y esta no le hace caso.

Pi pi pi pi pi... Sí, sí, claro, claro, entiendo, entiendo la importancia del asunto, del asunto en cuestión...

En realidad no hay nada, es solo una de las bromas que Pedro le hacía a mi madre con la que ella se reía sin parar.

MADRE.— *(Riéndose)* Ay, Pedro, qué gracioso.

HIJA.— Haciéndolo yo, no causa el mismo efecto.

Pi pi pi pi pi... ¿Sí? Me comentan por aquí una noticia de última hora: soy huérfana, mi madre no existe.

La Madre continúa seria.

MADRE.— ¿Te quieres callar?

Silencio.

HIJA.— Nos quedamos en silencio, en silencio silencio... Así varios días, meses, no sé; uno termina por perder la noción del tiempo cuando cada día es exactamente igual al anterior.

Y de repente mi madre dice:

MADRE.— Quiero comprarme un coche.

HIJA.— ¿Un coche?

MADRE.— Calla. Estoy haciendo un experimento.

Quiero comprarme un coche.

Ya verás como ahora me empiezan a llegar anuncios de coches al móvil. Nos escuchan, nos tienen vigilados.

Quiero comprarme un coche.

Ya verás, ya verás...

HIJA.— Quiero tener un novio.

La Madre mira a la Hija con cara de que no tiene remedio.

Y después de comparar varios modelos de coche que no iba a comprar, y sin venir a cuento de nada, dice:

MADRE.— Todos nos hemos sentido huérfanos alguna vez, pero para eso está la fe en Dios, para acogernos.

Silencio largo en el que la Hija piensa un rato.

HIJA.— Entonces la religión te quita a la madre y a cambio te da a Dios, ¿es eso?

MADRE.— Más o menos.

HIJA.— ¿Y el amor, eso que dicen... el amor maternal?

MADRE.— El amor maternal no existe, nos han hecho creer que es instintivo, pero para que algo sea instintivo *(lee en el móvil)* "tiene que ser común a todos los miembros de la especie, tienen que repetirse conductas sin variación en todos los miembros de la especie y se da con una finalidad adaptativa".

HIJA.— No entiendo lo que dices.

MADRE.— Da igual. Lo que digo es el que instinto no se da en el ser humano pero nos hacen creer que sí, que el amor maternal es instintivo, y así se le quita valor. A algo que supuestamente alguien hace por instinto no hay por qué darle ningún valor, pero no es verdad. Esto cuesta, cuesta mucho, esto del amor maternal.

HIJA.— No entiendo a mi madre, no entiendo el mundo, no tengo claro cuándo dejé de entenderlo ni si lo entendí alguna vez.

MADRE.— Todo amor hay que ganárselo.

HIJA.— Sin lugar a dudas, yo no me lo he ganado.

MADRE.— Y a ti te tocará cuidar de mí como yo he cuidado de ti, y no se trata de amor. Estamos condenadas a eso, a cuidarnos la una a la otra. Te tocará cambiarme el pañal cuando ya no pueda levantarme para ir al servicio o no me dé cuenta ni de mis ganas, como yo te cambié el pañal a ti. Darme de comer cuando ya la mano me tiemble tanto que no sea capaz de agarrarla yo sola, como yo te di de comer a ti. Lavarme como yo te lavé y acostarme y arroparme por las noches como yo lo hice. Ese es nuestro destino.

HIJA.— Y mientras ella habla de esto como una penitencia, pienso que no me importaría ser útil por una vez en mi vida, pienso que mi madre, a pesar de acumular pérdidas y fracasos, algo ha tenido que ganar, porque yo sí que siento que... y le agradezco que... a mi lado y... todo este tiempo, pero no lo digo, ¿cómo voy a decirlo?

MADRE.— A menos que acabemos con esto antes.

Silencio.

¿Qué piensas?

HIJA.— Pienso que Dios no existe, pero la madre sí.

MADRE.— Pues claro que Dios no existe.

HIJA.— Pero tú siempre...

MADRE.— No soy estúpida.

HIJA.— Ahora que lo pienso, hace mucho que no oigo a mi madre rezar.

¿Algún documental de esos que ve le habrá probado la inexistencia de Dios?

MADRE.— Pero a mí Dios me ayudó mucho cuando murió tu padre y cuando murió Pedro. Una cosa no quita la otra. También el alcohol me ayudó, para qué te voy a engañar.

HIJA.— Pero si Dios no existe, ¿por qué nombrarlo a todas horas?

MADRE.— Da igual, las palabras ya casi no significan nada.

HIJA.— Entonces, ¿para qué usarlas? ¿Por qué debemos hablar? ¿Para qué? ¿Seríamos capaces de decir con palabras lo que nos pasa? ¿Seríamos capaces de entender algo de todo esto?

O seguiremos hablando de ovnis, leche, batería, los ovnis llegan, tómate la leche, la pastilla, no olvides la pastilla, con la leche, la batería, la batería se agota, se está acabando la batería, carga la batería, tomar la leche con la pastilla, estómago, todo junto, pastilla, leche, estómago, bueno para el estómago o para que no caiga mal, carga la batería, quiero comprarme un coche, avispas, abejas, abejorros, clavados ahí, caer en el abismo, avispas, abejas, abejorros, clavados ahí, en ese cuadro, hay hasta una mantis religiosa, silla, sillón, ventana, carga la batería, cadáveres, cadáveres ahí, en ese cuadro, mi padre, Dios, los extraterrestres, cadáveres, cargando con este vacío. Mi padre no está, Dios no existe, los extraterrestres...

MADRE.— Los extraterrestres sí, los extraterrestres sí existen. ¿Sabes que tienen congelado a uno de los bichos que llegaron en 1947 a Roswell? Digo "bichos" porque son raros, pequeños pero con ojos grandes, una mezcla de humanos y moscas.

Señala al insectario y sigue con su discurso, aunque casi no se la oye porque la Hija habla a la vez.

Pues uno de ellos está congelado en Ohio, el que llegó vivo. Mira, esto fue en julio del 47, pues en septiembre se creó la CIA, ¿para qué? Pues para defender a la humanidad de los extraterrestres. ¿Tú sabes que cuando Tesla murió se llevaron todos los papeles que tenía en su caja fuerte? Una taza de energía del universo daría energía libre a toda la humanidad, pero la energía libre

acabaría con la economía mundial, estamos sometidos a una escasez artificial y Tesla lo sabía, y por eso destruyeron esos documentos.

HIJA.— El insectario, una de las pocas cosas que tengo de mi padre,
el insectario y... la pistola.

Pero esto ya lo hemos dicho. Estamos como en bucle, siempre las
mismas historias, las mismas palabras: ovnis, leche, batería, pastillas, avispas, abejas, abejorros, una mantis religiosa, caer en el
abismo, silla, sillón, ventana, pistola, ¡faltan las balas!, y yo cargando con este vacío, cadáveres, mi padre, Dios, los extraterrestres...

MADRE.— Los extraterrestres sí...

La Hija ordena silencio a la Madre y esta se calla.

HIJA.— El lenguaje no me ayuda a decir lo que quiero decir; al contrario, el lenguaje juega en mi contra, el lenguaje siempre ha jugado
en mi contra: yo digo, el otro imagina y lo que el otro imagina no
es lo que yo quiero decir, ni siquiera lo que digo es lo que quiero
decir, pero ¿cómo decirlo? No conozco más palabras que estas.
Por eso no nos entendemos, porque tú imaginas algo a partir de lo
que yo digo que no es lo que digo, pero, aunque fueras capaz de
comprender exactamente lo que digo, tampoco sería lo que quiero decir porque ni siquiera lo que digo es lo que quiero decir en
realidad, no hay palabras para explicar...

¡¡¡¡¡¡¡Y esa puta radial cortando el techo de mi habitación!!!!!!!

¡¡¡¡¡¡¡Bastaaaaaaa yaaaaaaaaaaaaaaa!!!!!

Entonces, ¿para qué hablar? ¿De qué serviría que habláramos de
lo que tenemos que hablar? Seguiríamos sin entendernos.

Hablamos demasiado pero no nos decimos nada que nos sirva, nada que nos consuele. No puede haber verdad en las palabras porque lo que dicen las palabras es solo una aproximación a la verdad, a la verdad que sentimos, pero nunca la propia verdad. Y luego llegas tú, me escuchas y entiendes lo que te da la gana. Entonces, ¿para qué hablar? Mejor callar, solo callando se encuentra algo de verdad, solo parándonos en silencio, una frente a la otra, encontraremos algo de verdad y podremos llegar a entendernos. Por eso no puede haber verdad en los libros, solo hay verdad en los cuadros y en las fotos. Cuando miramos, todos vemos lo mismo, bueno, excepto los daltónicos, pero esos son unos tarados. Solo en la imagen puede haber algo de verdad. Dios está en los libros, en las palabras. Mi madre es imagen, por eso Dios no existe y mi madre sí, la verdad está en lo que ves, no en lo que escuchas. Solo cuando al borde del abismo me mires sin fuerzas para decir una última palabra y yo te responda únicamente con mi mirada, nos quedaremos en silencio, en silencio sin más, un silencio que ya no esconderá reproches ni castigos, y ahí, en ese silencio, en calma, nos miraremos a los ojos y por fin entenderemos algo, ahí empezaremos a comunicarnos. Y tú, solo cuando tú lo decidas, sin decirme nada acercarás tu puño cerrado a mi mano y entonces lo abrirás y en tu palma habrá dos balas, una para ti y otra para mí, y sin decir nada, yo sabré qué hacer.

Pausa.

¿Qué habría sido de tu vida si yo no hubiese existido? Probablemente habrías sido más feliz, pero sí sé lo que sería mi vida sin ti... nada. En el tiempo que medie entre la primera y la segunda bala entenderé que sí, que sí gané algo, que sí me amaste, porque en ese tiempo que transcurra entre una y otra bala sentiré ese vacío del que hablas, el vacío de la pérdida que caerá como una losa sobre mi cuerpo, y en ese tiempo, mientras tú caes al abismo, yo cargaré con ese vacío y pensaré por un momento cómo sería vivir sin ti y no habrá respuesta. Cuando la bala te alcance, ya nadie en el mundo me amará, nadie pensará en mí ni siquiera por un instante, nadie se acordará de mí, en ese momento notaré que eso de lo que siempre he dudado, tu amor hacia mí, era real, porque uno a veces no es capaz de notar lo que tiene, pero sí lo que pierde.

Y con la segunda bala todo habrá acabado y por fin seremos libres, en el silencio, en ese silencio seremos libres.

MADRE.— ¿Con quién hablas?

HIJA.— ¿Qué?

MADRE.— Siempre hablas mirando esa pared. Hablas y hablas, pero no dices nada. Quien habla no se escucha.

> *Silencio. Su mirada, que antes se dirigía al público, a las caras de la gente, se vuelve opaca. Su mirada ahora registra la pared que tiene enfrente, ya no hay nadie, solo una pared como las otras.*

HIJA.— Mejor, mejor que no haya nadie.

MADRE.— ¿Quién va a haber? Aquí solo estamos nosotras, tú y yo, como siempre.

HIJA.— Tú y yo.

MADRE.— Pues claro.

HIJA.— Siempre he pensado que una manera de soportar las cosas es contarlas como si ya hubieran pasado.

MADRE.— Entonces, mejor pensar que ya estoy muerta, así *(se hace la muerta)*. No existo.

HIJA.— ¿Qué?

MADRE.— ¿Ya estás otra vez con tus alucinaciones?

HIJA.— Me encantaría hacerme un tatuaje aquí *(se señala el brazo)* en el que pusiera ABISMO. Molaría, ¿que no?

MADRE.— ¿Te has tomado la pastilla?

HIJA.— La pastilla.

MADRE.— Sí, con un poco de leche, no te vaya a caer mal.

HIJA.— Voy.

La Hija se levanta para ir a por la pastilla y mira por la ventana.

¿Está nevando?

MADRE.— ¿Ahora te das cuenta? Pero si lleva así desde ayer. Filomena, se llama.

HIJA.— Nunca había visto tanta nieve, todo está blanco, como si...

MADRE.— No es nieve, es plástico, lo han tirado para desviar la atención. Pero, vamos, que está demostrado que es plástico, yo misma he cogido un poco y prende. Prender, prende.

HIJA.— Nunca había visto tanta junta. Tan blanco... como si se pudiera volver a empezar.

MADRE.— ¿No ibas a por la pastilla?

HIJA.— Sí.

MADRE.— ¿Has visto esto de Rojava? Hay una aldea solo para mujeres, en lo que era Kurdistán, una aldea de mujeres libres que se llama Jinwar.

HIJA.— ¿Libres?

MADRE.— Sí, solo para mujeres. Pone aquí que...

La Madre sigue hablando mientras la Hija comienza a salir, pero poco a poco su voz deja de oírse.

"... es un lugar de refugio para todas las mujeres del mundo: madres con hijos que perdieron a sus parejas en la guerra, las que sufrieron violencia de cualquier tipo, las que quieren huir de la sociedad, las que quieren compartir la vida solo con mujeres...".

La Hija retrocede, se acerca despacio a la pared y habla muy bajito. La luz se va cerrando sobre ella hasta que todo queda oscuro.

HIJA.— El rayo alcanzó mi boca y esta herida que tengo aquí *(se señala la garganta)*, cuando hace costra, yo me la arranco y vuelvo a estar en carne viva, tragando saliva que sabe a sangre, y me callo y se vuelve a hacer costra y me la vuelvo a arrancar, y así todo el tiempo. Nunca, nunca curará, a menos que permanezcamos para siempre en silencio.

Los rayos ya fulminaron mis sueños, los deseos que tenía alojados aquí *(se señala el pecho)*, ardieron tras el rayo y ya no queda nada del fuego en el que ardían, solo cenizas, cenizas y una pequeña luz que se extingue...

Observando la pared.

¿Otra mancha de mi mente? Mejor, mejor que no estéis, que estéis en otro lugar, porque estar aquí es vivir mi vida y mi vida no merece la pena. Mejor, mejor que no estéis aquí, que estéis en otro lugar, quizá amándoos los unos a los otros, quizá riendo, quizá ¿libres? Sin miedo.

Dicen que cuando nos llega la luz de las estrellas, estas ya han muerto. Pues eso me pasa a mí, que siento que está pequeña luz, aquí *(se vuelve a señalar el pecho)*, poco a poco se va extinguiendo, porque es una luz que está ya muerta y solo queda esperar a que termine de extinguirse...

Colección de Teatro

Teatroautor

Teatro infantil y juvenil (Fundación SGAE /Anaya)

Víctor Osama
Francesc Adrià

Las piernas de Amaidú
Luis Matilla

De aventuras
Gracia Morales

Lumen, el guerrero de la luz
Mariano Lloret

Los chicos del barracón n.º 2
Luis Matilla

Un monstruo en mi país
Rodrigo Muñoz Avia

La vida de los salmones
Itziar Pascual

Nana en el tejado
Paco Gámez

Lo que vuelve a casa (y otros árboles)
Nieves Rodríguez Rodríguez

Astrolabio
Paco Romeu

Necesito una flor
Rocio Bello
Javier Hernando Herráez

La increíble historia de la caca mutante
Antonio Álamo

Un no monstruo que no vuela
Sara Pinet

Mambrú volvió de la guerra
Carlos Labraña

Naunet y el mar
Miguel Rojo

Premios Leopoldo Alas Mínguez

De hombre a hombre
Mariano Moro Lorente

Levante
Carmen Losa

La playa de los perros destrozados
Nacho de Diego

Cliff (Acantilado)
Alberto Conejero

Beca y Eva dicen que se quieren
Juan Luis Mira Candel

El año que mi corazón se rompió
Iñigo Guardamino

Eudy
Itziar Pascual

La tarde muerta
Alberto de Casso

Alimento para mastines
Javier Sahuquillo

El océano contra las rocas
Sergio Martínez Vila

El suelo que sostiene a Hande
Paco Gámez

Eloy y el Mañana
Iñigo Guardamino

La armonía de las esferas
Marcos Gisbert

Afuera están los perros
Francisco Javier Suárez Lema

Una canción italiana
Javier de Dios

Vagos y maleantes
Juan Carlos Mestre
Celia Morán

**El dulce lamentar de dos pastores
(égloga trashumante)**
Sergio Adillo

Teatro homenaje

Hermógenes Sainz
Historia de los Arraiz

Antonio Buero Vallejo
Las trampas del azar

José López Rubio
La otra orilla

Lauro Olmo
Pablo Iglesias

Fernando Fernán-Gómez
Los invasores del palacio

Adolfo Marsillach
Extraño anuncio

Antonio Gala
El caracol en el espejo

Enrique Fuster del Alcázar
*El mercader de ilusiones. La historia de
Gregorio Martínez Sierra y Catalina Bárcena*

José María Rodríguez Méndez
El pájaro solitario

Biografías / Memorias

**Desde el escenario. Reflexiones
y recuerdos**
Jaime Salom

Francisco Nieva. Artista contemporáneo
VV. AA.

Gerardo Vera. Reinventar la realidad
Jorge Gorostiza

**M.ª Teresa León.
Memoria de la hermosura**
Olga Álvarez (Coord.)

Antologías

**Salvador Távora y la Cuadra de Sevilla
Tres décadas de creación teatral**
Salvador Távora

Manuales / Guías

**Manual de producción, gestión
y distribución del teatro**
(4.ª ed. totalmente revisada por el autor)
Jesús F. Cimarro

Dramaturgia española de hoy
Fermín Cabal

Mujeres creadoras

Nuria Espert
Juan Cruz

Pequeñoautor

Esto no es lo mío
María Vassart. Ils.: Noemí Villamuza

El misterio de la ópera
Norma Sturniolo. Ils.: Fernando Vicente

El niño que voló detrás de un escenario
Yolanda García Serrano. Ils.: Irene Becker

El mundo de Ariel
Marga Platel-Mateu Estarellas. Ils.: Mateu Estarellas

Esta publicación ha sido realizada íntegramente en papel ecológico libre de cloro